INAUGURATION DU MONUMENT
ÉLEVÉ A LA MÉMOIRE
DE
P. BROUARDEL

20 JUILLET 1909

LISTE DU COMITÉ

Président d'Honneur : M^r le Président de la République.

Président : M. E. LOUBET.

Vice-Présidents :

M. le P^{ce} d'Arenberg, Président du Conseil d'Administration de la Société des Sanatoriums pour les tuberculeux adultes de Paris.
M. Bonnat, Membre de l'Institut.
M. Chauveau, Président de l'Académie des Sciences.
M. Chuppi, Député, Président de l'Association Polytechnique.
M. Ditte, Président du Tribunal de la Seine.
M. Landouzy, Professeur à la Faculté de Médecine de Paris, Président de l'Association centrale française contre la Tuberculose.
M. Lépine, Préfet de Police.
M. Liard, Vice-Recteur de l'Académie de Paris.
M. Mesureur, Directeur de l'Assistance publique.
M. Mirman, Directeur de l'Hygiène et de l'Assistance Publique au Ministère de l'Intérieur.
M. Roux, Membre de l'Institut, Directeur de l'Institut Pasteur.
M. de Selves, Préfet de la Seine.

Membres du Comité :

M. le Dr Albarran, Professeur à la Faculté de Médecine de Paris.
M. Atthalin, Conseiller à la Cour de Cassation
MM. J.-B. Baillière, Éditeurs.

M. le Dr BALLET, Professeur agrégé à la Faculté de Médecine de Paris, Médecin des Hôpitaux.
M. le Dr BALTHAZARD, Professeur agrégé à la Faculté de Médecine de Paris.
M. BARRÈRE, Ambassadeur de la République française, à Rome.
M. le Dr BARTH, Médecin des Hôpitaux, Secrétaire général de l'Association des Médecins du Département de la Seine.
M. le Dr BASTARD.
M. BAYET, Directeur de l'Enseignement supérieur au Ministère de l'Instruction publique.
M. le Dr BERGER, Professeur à la Faculté de Médecine, Membre de l'Académie de Médecine.
M. le Dr BLACHE, Membre de l'Académie de Médecine.
M. BOMPARD, Ancien Député, Secrétaire général de l'Alliance d'hygiène sociale.
M. le Dr BORDAS, Professeur suppléant au Collège de France.
M. le Dr BOUCHARD, Professeur à la Faculté de Médecine de Paris, Membre de l'Institut.
M. le Dr GEORGES BROUARDEL, Médecin des Hôpitaux de Paris.
M. le Dr BROUSSE, Député de la Seine.
M. le Dr BUCQUOY, Vice-Président de l'Académie de Médecine.
M. le Dr BUREAU, Professeur à l'Ecole de Médecine de Nantes.
M. le Dr CALMETTE, Professeur à la Faculté de Médecine de Lille, Directeur de l'Institut Pasteur de Lille.
M. CAMBON, Ambassadeur de la République française, à Berlin.
M. le Dr CAUBET, Doyen de la Faculté de Médecine de Toulouse.
M. le Dr CHANTEMESSE, Professeur à la Faculté de Médecine de Paris, Membre de l'Académie de Médecine.
M. A. CHAPERON, Conseiller-Maître à la Cour des Comptes.
Mlle CHAPTAL, Directrice de la Maison-École d'infirmières privées. Directrice de l'OEuvre des tuberculeux adultes.
M. le Dr JEAN CHARCOT.
Mme CHARRAS.
M. le Dr CHAUFFARD, Professeur agrégé à la Faculté de Médecine de Paris, Membre de l'Académie de Médecine.
M. CHEYSSON, Membre de l'Institut.
M. le Dr CLAISSE, Médecin des Hôpitaux de Paris.
M. CONSTANS, Ambassadeur de la République française, à Constantinople.

M. le Dr Cornil, Professeur à la Faculté de Médecine de Paris, Membre de l'Académie de Médecine.
M. Cornuault, Président de la Société des Ingénieurs civils.
M. Créssac, Trésorier de la Fédération nationale des Peintres.
M. Croiset, Doyen de la Faculté des Lettres de Paris, Membre de l'Institut.
M. Darboux, Secrétaire perpétuel de l'Académie des Sciences.
M. le Dr Debove, Doyen de la Faculté de Médecine de Paris, Membre de l'Académie de Médecine.
M. le Dr Dehau.
M. le Dr Delorme, Directeur du Val-de-Grâce, Membre de l'Académie de Médecine.
M. Demange, Avocat à la Cour d'Appel.
M. le Dr Descoust, Chef du Laboratoire de Médecine légale à la Faculté de Paris.
M. le Dr Dieulafoy, Professeur à la Faculté de Médecine de Paris, Membre de l'Académie de Médecine.
M. Pierre Duchesne-Fournet, Conseiller général du Calvados.
Mme Dumas Milne-Edwards.
M. le Dr Duplay, Professeur honoraire à la Faculté de Médecine de Paris, Membre de l'Académie de Médecine.
M. le Dr Dupré, Professeur agrégé à la Faculté de Médecine de Paris, Médecin des hôpitaux.
M. Ehrmann, Artiste peintre.
M. Feine, Architecte.
M. le Dr Fernet, Membre de l'Académie de Médecine, Vice-Président de l'Association des Médecins de la Seine.
Mme Jules Ferry.
Mme Charles Floquet.
Mme la Csse Foucher de Careil, Présidente de l'Association des Dames françaises.
M. le Dr Fournier, Professeur honoraire à la Faculté de Médecine de Paris, Membre de l'Académie de Médecine.
M. le Dr L. Funck-Brentano, Accoucheur des Hôpitaux de Paris.
M. le Dr Gairal, Président de l'Union des Syndicats.
M. le Dr Gariel, Professeur à la Faculté de Médecine de Paris, Membre de l'Académie de Médecine.
Mme Charles Garnier.
M. le Dr Gaucher, Professeur à la Faculté de Médecine de Paris.

M. le Dr Gilbert, Professeur à la Faculté de Médecine, Membre de l'Académie de Médecine.
Mme Gilles de la Tourette.
M. le Dr Girard, Professeur à l'École de Médecine de Grenoble.
M. Gouin, Régent de la Banque de France.
M. le Dr Grancher, Professeur à la Faculté de Médecine de Paris, Membre de l'Académie de Médecine.
M. le Dr Grasset, Professeur à la Faculté de Médecine de Montpellier.
M. le Dr Gross, Doyen de la Faculté de Médecine de Nancy.
M. le Dr Guyon, Professeur honoraire à la Faculté de Médecine de Paris, Membre de l'Institut, Président de l'Association des Médecins de la Seine.
M. Hanotaux, de l'Académie française.
M. le Dr Henrot, Directeur de l'École de Médecine et de Pharmacie de Reims.
M. le Dr Hérard, Membre de l'Académie de Médecine.
Mme Herbet.
M. L. Heuzey, Membre de l'Institut.
M. le Dr Hirtz, Médecin des Hôpitaux de Paris.
M. Honoré, Membre du Conseil de surveillance de l'Assistance publique.
M. le Dr Hutinel, Professeur à la Faculté de Médecine de Paris, Membre de l'Académie de Médecine.
M. le Dr Joffroy, Professeur à la Faculté de Médecine de Paris, Membre de l'Académie de Médecine.
M. le Dr A. Jousset, Professeur agrégé à la Faculté de Médecine de Paris.
M. Jungfleisch, Professeur à l'École de Pharmacie de Paris, Membre de l'Académie de Médecine.
M. le Professeur Julliard, de Genève.
Mme Koechlin-Schwartz, Présidente de l'Union des Femmes de France.
M. le Dr Labbé, Sénateur, Membre de l'Académie des Sciences.
M. le Dr Lacassagne, Professeur de Médecine légale à l'Université de Lyon.
M. A. Lalance, Trésorier de l'Association Centrale française contre la Tuberculose.
M. le Dr Lande, Professeur de Médecine légale à la Faculté de Médecine de Bordeaux.

M. le Dr Lannelongue, Professeur à la Faculté de Médecine de Paris, Membre de l'Institut.
M. le Dr de Lapersonne, Professeur à la Faculté de Médecine de Paris.
M. le Dr Laugier, Président de la Société de Médecine légale.
M. E. Laurent, Secrétaire général à la Préfecture de Police.
M. J. Lemaire, Interne des Hôpitaux de Paris.
M. le Dr Lereboullet, Président de l'Association des Médecins de France, Membre de l'Académie de Médecine.
M. le Dr Letulle, Professeur agrégé à la Faculté de Médecine de Paris, Président de la Société médicale des Hôpitaux.
M. le Dr Livon, Directeur honoraire de l'École de Médecine et de Pharmacie de Marseille.
Mme Lorain.
M. le Dr Lortet, Doyen honoraire à la Faculté de Médecine de Lyon.
M. Lyon-Caen, Doyen de la Faculté de Droit de Paris.
M. le Dr Mairet, Doyen de la Faculté de Médecine de Montpellier.
M. Maletras, Adjoint au maire du 17e arrondissement.
M. Mallet, Membre de la Chambre de Commerce de Paris.
M. le Dr Ch. Martin.
M. P. Masson, Éditeur.
M. le Dr Maygrier, Professeur agrégé à la Faculté de Médecine de Paris.
M. le Dr de Molènes.
M. le Dr Mosny, Médecin des Hôpitaux de Paris.
M. le Dr Motet, Membre de l'Académie de Médecine.
M. le Dr Netter, Professeur agrégé à la Faculté de Médecine de Paris, Membre de l'Académie de Médecine.
M. le Dr Notta.
M. Ogier, Chef du Laboratoire de Toxicologie à la Faculté de Paris.
M. le Dr Ollive, Professeur à l'École de Médecine de Nantes.
M. le Dr Orfila, Secrétaire général honoraire de l'Association des Médecins de la Seine.
M. le Dr Oulmont, Médecin des Hôpitaux de Paris.
M. Pallain, Gouverneur de la Banque de France.
M. le Dr Pamard, Chirurgien des Hôpitaux d'Avignon.
Mme Pasteur.
M. le Dr Ch. Périer, Membre de l'Académie de Médecine.
M. le Dr Perrin de la Touche, Directeur de l'École de Médecine de Rennes.

M. Poincaré, Sénateur.
M. Potier, Conseiller à la Cour de Cassation.
M. le Dr Pouchet, Professeur à la Faculté de Médecine de Paris, Membre de l'Académie de Médecine.
M. le Dr R. Proust, Professeur agrégé à la Faculté de Médecine de Paris.
M. le Dr Rénon, Professeur agrégé à la Faculté de Médecine de Paris.
M. le Professeur J. Reverdin, de Genève.
M. le Dr Richardière, Médecin des Hôpitaux de Paris.
M. Risler, Maire du 7e arrondissement.
M. Robert, Secrétaire général de la Fédération nationale des Peintres.
Mme la baronne James de Rothschild.
M. le Dr Marcel Sée.
M. le Dr M. Séné, Directeur du Lazaret de Pauillac.
M. Siegfried, Ancien Ministre, Député de la Seine-Inférieure.
M. le Dr Siredey, Secrétaire général de la Société médicale des Hôpitaux de Paris.
M. le Dr Socquet, Médecin expert près le Tribunal de la Seine.
M. le Dr Spillmann, Professeur à la Faculté de Médecine de Nancy.
M. P. Strauss, Sénateur.
M. Tisserand, Directeur honoraire de l'Agriculture.
M. le Dr Thoinot, Professeur à la Faculté de Médecine de Paris, Membre de l'Académie de Médecine.
M. le Dr Vaillard, Directeur de l'École de Santé militaire de Lyon, Membre de l'Académie de Médecine.
M. Vallery-Radot.
M. le Dr Vallin, Membre de l'Académie de Médecine.
M. le Dr Vibert, Chef du Laboratoire de Médecine légale à la Faculté de Médecine de Paris.
M. Félix Voisin, Conseiller à la Cour de Cassation.
M. le général Vosseur.
M. le Dr Walther, Professeur agrégé à la Faculté de Médecine de Paris.
M. le Dr Widal, Professeur agrégé à la Faculté de Médecine de Paris, Membre de l'Académie de Médecine.
M. le Dr Wurtz, Professeur agrégé à la Faculté de Médecine de Paris.

LISTE DES SOUSCRIPTEURS

Pr Albarran, Paris.
Dr Armand (J.), Albertville.
Pr Aschaffenburg, Cologne.
Association générale des Médecins de France.
Association internationale contre la Tuberculose, Berlin.
Association des Médecins du département de la Seine, Paris.
Association Polytechnique, Paris.
Association de Prévoyance et de Secours mutuels des Médecins du Nord, à Lille.
Association professionnelle des Médecins légistes, Paris.
Mr Atthalin, Paris.
Mr Atthalin (A.), Paris.
Mr Aubron, Paris.
Mr Aucoc (L.), Paris.
Dr Audéoud (H.), Genève.
Dr Auvray, Paris.
Dr Baillière (Georges), Paris.
MM. Baillière (J.-B.), Paris.
Dr Balthazard, Paris.
Dr Balzer, Paris.
Mme Baron, Paris.
Mr Barrère, Rome.
Dr Barth, Paris.
Dr Bastard, Paris.
Mme Baylac, Paris.
Mr Bechmann (G.), Paris.

Dr Béclère, Paris.
Dr Bedoin, Chapareillan.
Mr Bellevue (Ch.), Tarbes.
Général Bérenger, Cagnes.
Mr Bertin-Sans (H.), Montpellier.
Mme Beugnon-Rival, Paris.
Dr Blanc, Aix-les-Bains.
Mr et Mme Blanchet (Ch.), Paris
Mr Bluzet (A.), Neuilly.
Dr Boissier, Lamalou-les-Bains
Mr Bonjean, Paris.
Dr Bordas, Paris.
Pr Bouchard, Paris.
Mr Bouillat (E.), Paris.
Mr Boulanger, Paris.
Mr Bourgenot, Béziers.
Dr Boussi, Paris.
Mr Bret (L.), Paris.
Mme Bret (L.), Paris.
Mr Bret (M.), Paris.
Mr Breton (C.), Paris.
Mr Brissac, Paris.
Dr Brouardel (G.), Paris.
Mr Brouardel (P.), Paris.
Dr Brousse (P.), Paris.
Mme Brunel, Paris.
MMrs Buchet et Cie, Paris.
Dr Bucquoy, Paris.
Mme Budin, Paris.
Dr Calmette, Lille.

M^r et Mme Carbonnier, Paris.
Dr Carlier, Lille.
Dr Castex, Paris.
Dr Cavaré, l'Isle-Jourdain.
Dr Chabrié, Paris.
Mr Chabrier (L.), Golfe-Juan.
Mr Chaperon, Paris.
Mr Chaperon (Roger), Paris.
Mme Chaperon (E.), Paris.
Mr Charras, Paris.
Mr Charrier, Paris.
Dr Chauffard, Paris.
Mr Chauveau (A.), Paris.
Dr Claisse (A.), Paris.
Dr Claisse, Biarritz.
M^r et Mme Claret, Semur.
M^r et Mme Clavery, Paris.
Mr Clos, Toulouse.
Mr Collin, Paris.
Mme Comte, Fontainebleau.
Dr Comte (A.), Paris.
Mr Cornuault (E.), Paris.
Conseil général du département de la Seine.
M^r et Mme Cornée (F.), Lille.
Mme Cottin, Paris.
Mme Ve Couder (A.), Paris.
Mr Courage du Parc (J.), Avranches.
Dr Cruet, Paris.
Mme Ve Cusco, Paris.
Mr de Dartein, Paris.
Dr Dehau, Paris.
Mme Dehau, Paris.
Mr Dehérain (H.), Paris.
Dr Delobel, Noyon.
Mr Delpy (A.), Paris.
Mme Delvaille (C.), Bayonne.
Dr de Molènes, Paris.
Mr Descamps, Ris-Orangis.
Dr Deschamps (E.), Paris.
Mr Descours-Desacres, Château d'Ouilly-le-Vicomte.
Dr Descoust, Paris.
Mr Desfossez (L.), Tarbes.
Pr Dieulafoy, Paris.
Mr Ditte, Paris.
Mme Dreyfous (F.), Paris.
Mr Dreyfus-Brisac, Paris.
Dr Duchaussoy, Paris.
M^r et Mlle Duchesne-Fournet, Paris.
Mme Dumas (J.-B.), Paris.
Dr Dupré, Paris.
Mr Duquenne, Morlaix.
Mr Durrieux, Alger.
Mme Duval, Paris.
Mr Duvillier (E.), Paris.
Dr Dyé (L.), Paris.
Ecole dentaire, Paris.
Mr Ehrmann (F.), Paris.
Mme Ellissen, Saint-Cloud.
Dr Faivre, Paris.
Dr Fernet, Paris.
Mr Ferreira da Silva, Porto.
Dr Ferrier, Paris.
Mme Ferry (J.), Paris.
Mr Ferté (L.), Paris.
Mr Fichaux, Paris.
Dr Finot (A.), Troyes.
Mr Flament (Ch.), Béthune.
Mr Fleuriot, Lisieux.
Mme Floquet (Ch.), Paris.
Mme B^{nne} Douairière de Fontenay, Alençon.
Dr Fort (Ch.), Fontainebleau.
Dr Foucault, Fontainebleau.
Mme Foucher de Careil, Paris.

Mr Fournier, Paris.
Dr François, Paris.
Dr François, Pontorson.
Dr et Mme Froissart, Calais.
Mme de Fromont de Bouaille, Alençon.
Dr Louis Funck-Brentano, Paris.
Mr Frantz Funck-Brentano, Paris.
Mr Gache (Samuel), Buenos-Aires
Pr Gariel, Paris.
Mr Garin (Ch.), Paris.
Mme Ve Garnier (Ch.), Paris.
Mr Genérés (Ch.), Paris.
Mme Gérardgeorge (Ch.), Charmes.
Mr Gigout (E.), Paris.
Pr Gilbert, Paris.
Mme Gilles de la Tourette, Paris.
Dr Girard, Grenoble.
Mr Gizard (E.), Bordeaux.
Mme et Mlle Gouguenheim, Paris.
Mr Gouin (J.), Paris.
Pr Grasset, Montpellier.
Mme Gravier (H.), Paris.
Dr Guinier, Le Havre.
Pr Guyon, Paris.
Dr Halberstadt, Bailleul.
Dr Hallopeau, Paris.
Mr Hanotaux, Paris.
Dr Hartmann, Paris.
Dr Hérard, Paris.
Mme Herbet, Paris.
Mr Hermann (G.), Toulouse.
Dr Heurtaux (A.), Nantes.
Dr Hirtz (E.), Paris.
Dr Hirtz (L.), Paris.
Mr Hulot, Laon.
Pr Hutinel, Paris.

Mr Imbeaux, Nancy.
Pr Jaccoud, Paris.
Mr Jobez (E.), Alger.
Mme Ve Jousset, Paris.
Mr Jousset (F.), Paris.
Dr Jousset (A.), Paris.
Pr Julliard, Genève.
Mr Jungfleisch (E.), Paris.
Mr et Mme Keller (D.), Paris.
Dr Klippel, Paris.
Mme Koechlin-Schwartz, Paris.
Dr Labbé (L.), Paris.
Pr Lacassagne, Lyon.
Dr Lacaze, Paris.
Mr et Mme Lailler (A.), Lisieux.
Mr Lalance, Paris.
Mr Lallier, Paris.
Pr Landouzy, Paris.
Pr Lannelongue, Paris.
Pr de Lapersonne, Paris.
Mme Ve Lapierre (Ch.), Paris.
Mme Lapierre, Fontainebleau.
Mr Laugier, Paris.
Mr Laurent, Paris.
Mr Le Blanc, Lille.
Dr Lebrun, Paris.
Pr Le Dentu, Paris.
Mr Ledieu-Dupaix (A.), Lille.
Dr Legras, Paris.
Mr Lehugeur (P.), Paris.
Mr Lemaire (J.), Paris.
Mr Lemercier (M.), Paris.
Dr Leprince (M.), Paris.
Mme Lequeux (E.), Paris.
Dr Lereboullet, Paris.
Mr Leriverend, Pontorson.
Dr Lesègue, Lisieux.
Dr et Mme Lévy (E.), Paris.
Pr Lewin (L.), Berlin.

Mr LIARD, Paris.
Mme DE LIENARD, Alençon.
Mr et Mme DE LIENARD (J.) Alençon.
Mr LONCQ (E.), Laon.
Mme LORAIN (P.), Paris.
Mlle LOUVET, Paris.
Mr LUCAS (J.), Paris.
Mr LYON-CAEN (CH.), Paris.
M. MALLET (P.), Paris.
Mr MARDELET (Ch.), Paris.
Dr MARIE (P.), Paris.
Vte DE MARSAY, Paris.
Mr MARTY, Paris.
Mr MASSON (L.), Paris.
Mr MASSON (P.-V.), Paris.
Dr MAYGRIER, Paris.
Mr MÉLINE, Paris.
Mr MERCET (E.), Paris.
Mr MESNIL (E. DU), Montmorency.
Mme MEURIOT, Paris.
Mme MICHEL (E.), Paris.
Dr MILLARD (A.), Paris.
Mr MOREL (G.), Paris.
Dr MOSNY, Paris.
Dr MOTET, Paris.
Mr MOYRAND (A.), Paris.
Mlle MURER, Paris.
Mr MUTIAUX, Paris.
Mr NÉRON, Paris.
Dr NETTER, Paris.
Dr NEUMANN (E.), Paris.
Mr et Mme NOEL BOUTON, Paris.
Dr NOTTA, Lisieux.
Mr OGIER, Paris.
Mr OLIVIER (L.), Paris.
Dr OLLIVE (G.), Nantes.
Mr ORFILA, Langeais.
Mr OULIÉ, Paris.
Dr OULMONT (P.), Paris.

Dr OUVRY (P.), Lisieux.
Mr PALLAIN, Paris.
Dr PAMARD, Avignon.
Mlle PARFAIT PRADELLES, Paris.
Mr PARISOT, Paris.
Mr PASCAL, Paris.
Mme PASTEUR, Paris.
Mme PAVET DE COURTEILLE, Launay (Eure-et-Loir).
Mr et Mme PELLET, Paris.
Dr PEPIN (CH.), Dinan.
Mr PERCY PEIXOTTO, Paris
Dr PÉRIER, Paris.
Dr PERRIER (CH.), Nîmes.
Dr PERRIN DE LA TOUCHE, Rennes.
Mme PERRON, Ustaritz.
Dr PETIT (L.), Paris.
Mme V. E. PICARD, Paris.
Dr PISSAVY, Paris.
Dr PIETKIEWICZ, Paris.
Mr G. POTIER, Paris.
Pr POUCHET, Paris.
Mr POUPARDIN DU RIVAGE, Paris.
Mr LE PRÉFET DE POLICE, Paris.
Mr LE PRÉSIDENT DE RÉPUBLIQUE, Paris.
Dr PROUST, Paris.
Mr PUTZEYS (F.), Liège.
Mr PUTZEYS (E.), Bruxelles.
Dr QUILLOT, Frangey.
Mr RAPPIN (H.), Paris.
Dr RAUSE (F. DE), Néris-les-Bains.
Mr RAUX (J.), Paris.
Dr RAYMOND, Paris.
Mr REILLE, Paris.
Dr RÉMY (CH.), Paris.
Dr RÉNON, Paris.
Mr et Mme RENOUX, Paris.

Pr REVERDIN (J.), Genève.
Dr RICHARDIÈRE, Paris.
Mr RICHET (CH.), Paris.
Mr RISLER (CH.), Paris.
Famille ROBIN, Paris.
Dr ROCHÉ, Toucy.
Mr ROCHER, Paris.
Dr ROGLET, Paris.
Bon ROTHSCHILD (H. DE), Paris.
Mme Bnne ROTHSCHILD (J. DE), Paris.
Dr ROUX, Paris.
Cte DE St QUENTIN, Paris.
Mme Vve SALOMON (A.), Fontainebleau.
Mr SANDOZ (G. ROGER), Paris.
Dr SAVARIAUD, Paris.
Pr SCHROTTER, Vienne.
A. SCHUTZ, Paris.
Dr SÉE (MARC), Paris.
Dr SÉE (MARCEL), Paris.
Dr SENTEX (L.), Saint-Sever.
Dr SERSIRON, La Bourboule.
Dr SEVESTRE, Paris.
Mr SIEGFRIED (J.), Paris.
Dr SIREDEY (A.), Paris.
Mme SIREDEY (F.), Neuilly-sur-Seine.
Société amicale de l'Aisne, (Dr PAMART).
Société du Concours médical, Paris.
Société d'Enseignement supérieur, Paris.
Société de Médecine et d'Hygiène tropicales, Paris.
Société de Prévoyance des Élèves et anciens Élèves de l'Association Polytechnique, Paris.
Société des Sciences médicales de Gannat.
Dr SOCQUET, Paris.
Dr SOULIÉ, Alger.
Mr STEINHEIL, Paris.
Pr SURMONT, Lille.
Syndicat médical de l'Arrondissement d'Avranches.
Dr THIBIERGE (G.), Paris.
Pr THOINOT, Paris.
Mme THOINOT, Paris.
Mr TISSERAND (E.), Paris.
Dr TISSIER (L.), Paris.
Dr TOURREIL, Paris.
Mr TRÉLAT (G.), Paris.
Mr TROOST, Paris.
Union nationale des Sociétés de secours mutuels d'Instituteurs.
Dr VAILLARD, Paris.
Mr VALET (P.), Paris.
Mr VALLERY RADOT, Paris.
Dr VALLIN, Paris.
Dr VALLON, Paris.
Gl VARGAS, Paris.
Mr et Mme VAUDREMER, Paris.
Mr VIARDOT, Billom.
Dr VIBERT, Paris.
Mr VILLEY, Caen.
Mr VINCEY (P.), Paris.
Mr VIRELY (A.), Paris.
Gl VOSSEUR, Saint-Servan.
Dr WALLICH, Paris.
Dr WIDAL, Paris.
Dr WURTZ, Paris.
Mr YVON, Paris.

Le mardi 20 juillet 1909 a été inauguré à la Faculté de Médecine le monument élevé par souscription à la mémoire du Professeur P. Brouardel, et exécuté par M. D. Puech, membre de l'Institut.

La cérémonie était présidée par M. Doumergue, ministre de l'Instruction publique.

M. le Président de la République s'était fait représenter par un de ses officiers d'ordonnance.

Les discours suivants furent prononcés :

DISCOURS

DE

M. le Professeur THOINOT,

PROFESSEUR A LA FACULTÉ DE MÉDECINE DE PARIS.

Monsieur le Ministre,
Mesdames,
Messieurs.

Il y a six ans et demi, le 18 janvier 1903, les élèves, les amis de Paul Brouardel se réunissaient dans cette Faculté pour lui remettre solennellement la médaille qu'avait gravée l'éminent artiste Roty et qu'ils lui offraient pour commémorer son élévation à la dignité de grand-officier de la Légion d'honneur.

La fête fut touchante.

Son vieil ami Marey, son collègue Lacassagne, son élève Gilbert, ses collaborateurs de l'Association des médecins de la Seine et de l'Association générale des médecins de France, d'autres encore, le ministre enfin, qui présidait la cérémonie, M. Chaumié, vinrent tour à tour lui dire ce qui était dans le cœur de tous les assistants et quelles raisons nous avions de l'aimer et de l'admirer.

La cérémonie de janvier 1903 fut le couronnement de la belle carrière de Paul Brouardel, mais elle sembla marquer le terme du bonheur qui l'avait toujours accompagné.

Il ne lui survécut que trois ans, et dans ces trois années, il ne connut plus guère qu'épreuves douloureuses et que chagrins immérités, que je ne veux pas retracer ici.

La perte d'une mère incomparable enfin précipita la marche de la maladie qui venait de le frapper et, sans garder la moindre illusion sur son état, Paul Brouardel supporta pendant plus de six mois les souffrances morales et physiques avec un courage inébranlable.

Mais l'heure de la réparation est venue, et nous voici de nouveau réunis ici, comme en 1903, pour célébrer Paul Brouardel non plus vivant, mais mieux que vivant, impérissable !

A peine la mort nous l'avait-elle enlevé qu'un Comité se formait pour élever un monument à sa mémoire.

M. Le Président de la République en voulut bien accepter la présidence d'honneur, et le président en fut M. E. Loubet, un des plus anciens et des plus fidèles amis de Paul Brouardel.

Autour d'eux sont venus se grouper pour les vice-présidences les plus hauts noms de la science, de la magistrature, des arts, de l'administration.

Et les souscriptions ont répondu en grand nombre à notre appel.

De ces souscriptions, il en est auxquelles notre Comité doit une mention spéciale et publique. L'Association des médecins de la Seine et l'Association générale des médecins de France se sont souvenues que P. Brouardel avait été leur président dévoué pendant de longues années et aussi leur généreux bienfaiteur.

La Fédération internationale de la Tuberculose a, dans sa session de Vienne, voté une large contribution pour le monument de celui qui avait été son premier président.

Enfin, de toutes les souscriptions recueillies, il n'en est pas de plus touchante que la souscription collective de l'Association polytechnique, dont le gros apport est fait de l'afflux d'innombrables et modiques souscriptions envoyées par les plus modestes membres de l'Association pour perpétuer le souvenir du président dont ils étaient si fiers.

En quelques mois, les sommes nécessaires étaient réunies, et l'exécution du monument fut confiée au ciseau d'un artiste éminent, M. Denys Puech, depuis longtemps admis dans l'intimité de M. Brouardel et qui avait déjà exécuté de lui, il y a quelques années, le beau buste qui couronne aujourd'hui le monument que vous allez voir.

Ce monument, le Comité a pensé qu'il ne saurait être nulle part mieux placé qu'à la Faculté de médecine. Certes, toute la vie de Paul Brouardel n'a pas été consacrée à la seule Faculté de médecine; les hôpitaux de Paris, le Comité consultatif d'hygiène de France, pour ne parler que d'eux, ont eu leur part de sa belle existence. Paul Brouardel était mieux qu'un grand médecin : de par les services qu'il a rendus à la France, à la Ville de Paris, il était un grand Français, il était un illustre enfant adoptif de Paris, et le monument que nous inaugurons aujourd'hui eût pu se dresser ailleurs, sur une des places de Paris, par exemple, que M. le Préfet de la Seine et le Conseil municipal auraient, nous en sommes certains, accordée à notre Comité.

Mais, s'il a donné beaucoup ailleurs, c'est ici que P. Brouardel a donné le meilleur de lui-même et comme professeur, et comme doyen ; ce qu'il a aimé par-dessus tout, c'est la Faculté de médecine.

Pendant quinze années de décanat, il y fut à la peine; il n'est que juste qu'il y soit maintenant à l'honneur.

Nous avons offert notre monument à la Faculté. Au nom du Comité, je le remets aujourd'hui à M. le Doyen et je remercie la Faculté de le prendre sous sa garde

MONSIEUR LE MINISTRE,
   MESDAMES,
     MESSIEURS.

CHARGÉ de remettre le monument au Doyen de la Faculté de médecine, j'ai reçu encore pour mission de louer aujourd'hui en P. Brouardel le professeur de médecine légale, et aussi de lui adresser au nom de ses élèves le dernier témoignage de notre affection filiale.

Dans la chaire de médecine légale de la Faculté de Paris, P. Brouardel succédait à deux illustres professeurs, Orfila et Tardieu, et sa célébrité égala bientôt la leur.

Il est sans contredit l'un des maîtres de la médecine légale : non seulement française, mais universelle, car, parmi les plus renommés des professeurs étrangers du passé, je n'en connais pas qui puisse être mis au-dessus de lui.

P. Brouardel ne s'était pas destiné à la médecine légale, ce furent des événements fortuits, la maladie de Tardieu et le refus de ses collègues de briguer une chaire qui les tentait assez peu, qui lui ouvrirent cette voie.

En le nommant, la Faculté fit le plus heureux choix, car nul mieux que P. Brouardel n'était fait pour la médecine légale. Le savoir même le plus étendu demeure insuffisant dans cette branche de l'art médical s'il ne s'y joint un esprit critique avisé. Or Paul Brouardel n'était pas seulement un des médecins les plus instruits de son temps, mais encore un des esprits les plus clairs, les plus perspicaces, les mieux équilibrés, les plus ennemis de toute hypothèse aventurée qui se soit jamais rencontré.

La médecine légale s'égarait : il la ramena et la maintint dans la voie droite. Il nous apprit à savoir douter, à ne rien affirmer qui ne fût dix fois évident, à savoir enfin, ce qui est sans doute le plus difficile, avouer sans hésitation notre ignorance, au risque de nous attirer les quolibets et les injures des sots. Il nous enseigna que l'expert ne doit connaître ni l'accusation ni la défense, et qu'il n'est au service ni de l'une ni de l'autre, mais seulement au service de la vérité.

La médecine évolue chaque jour; la médecine légale de demain ne sera plus ce qu'était la médecine légale d'hier, mais ce qui demeurera immuable, ce qui ne saurait vieillir, c'est l'idée que P. Brouardel nous a tracée des devoirs de l'expert : l'esprit scientifique se transforme, les conceptions morales demeurent.

P. Brouardel a été le créateur de l'enseignement pratique de la médecine légale en France; il lui a donné du premier coup une forme achevée.

La célébrité des cours de la Morgue devint vite universelle : ils ont eu pour auditeurs un grand nombre d'étrangers qui sont venus se former à la parole du maître, et ainsi s'est créée, grâce à P. Brouardel et pour le plus grand honneur de notre pays, une importante clientèle médico-légale étrangère, qui n'a pas encore désappris le chemin de Paris.

P. Brouardel a pu réaliser, dans la dernière année de sa

vie, après vingt années d'effort, la création de l'Institut médico-légal appelé à porter dans l'avenir les fruits les plus féconds pour la médecine légale pratique.

Les travaux laissés par P. Brouardel en médecine légale sont considérables, mais ce n'est pas ici qu'il convient d'en faire l'énumération ni l'éloge. Ce que j'ai voulu seulement, c'est marquer par quelques traits principaux la grande figure dont nous avons voulu perpétuer la mémoire.

Il est par malheur un souvenir que ne saurait rappeler ce marbre ni les souscriptions qu'il porte, c'est ce que fut P. Brouardel pour ses intimes.

Certes l'image qu'a fixée le grand artiste qu'est Denys Puech respire l'intelligence, l'esprit et la bonté, mais le marbre ne saurait exprimer les qualités exquises de cœur qui font aimer un homme, ces qualités que P. Brouardel possédait à un si haut degré, mais qui ne survivent malheureusement que dans le souvenir des amis.

La mort a déjà éclairci le nombre de ceux qui furent ses amis des premiers temps, mais à ses amis anciens P. Brouardel avait ajouté une série d'amis nouveaux, qui ne lui furent ni moins fidèles ni moins attachés, je veux dire ses élèves.

Tous ses internes, ceux de Saint-Antoine, de la Pitié, de la Charité, tous ses collaborateurs de médecine légale sont sans exception devenus ses amis et les familiers de sa maison. Et tous ceux qui étaient présents à Paris se sont retrouvés à son lit de mort pour lui donner jusqu'au dernier moment le gage de leur affection inaltérable. Tous sont restés unis en lui depuis sa mort et forment comme une famille où le souvenir du maître se garde précieusement et se conservera jusqu'à ce que le dernier d'entre nous ait disparu.

Et comment pourrions-nous oublier le sourire affectueux par lequel il nous accueillait toujours, l'indulgence inlassable avec laquelle il écoutait le récit de nos espérances et de nos déceptions, les conseils si sages qu'il nous prodiguait et l'appui qu'il nous prêtait en toute circonstance; comment pourrions-nous oublier l'admiration que nous inspirait la supériorité de son intelligence, de son esprit et de son caractère?

Rien ne saurait nous consoler d'avoir perdu un tel maître, mais ce nous est une grande joie de le voir revivre dans cette Faculté dont il fut et demeurera l'une des figures les plus glorieuses.

DISCOURS
DE
M. le Professeur L. LANDOUZY,
DOYEN DE LA FACULTÉ DE MÉDECINE DE PARIS.

Monsieur le Ministre,
Mesdames,
Messieurs,

C'est à un des disciples affectionnés de Paul Brouardel que sa qualité de Doyen vaut l'honneur de recevoir des mains du Comité ce monument qu'une souscription publique, venue de France et de l'étranger, élève à la mémoire du Maître qui, durant un long et fécond décanat, présida, du meilleur de ses forces, aux destinées de notre Faculté.

D'autres voix que la mienne diront comment Paul Brouardel se dépensa de mille manières au service de la science, de l'enseignement et de la pratique de la médecine. Cela au détriment de ses intérêts propres et de son repos; si bien que jamais pensée, mieux que l'exergue de certaine médaille jubilaire, ne dit, en quatre mots, tout ce que fut la vie du médecin, du professeur et du Doyen : *publica privatis semper prætulit.*

Comme Doyen, il mit tous ses soins à fonder un Institut complet de Médecine Légale, auquel se rattachent les services de Toxicologie expérimentale et de Clinique psychiatrique, véritable institut modèle, comme, hier, il n'en existait nulle part; comme aujourd'hui, il s'en ouvre partout.

C'est là que Brouardel procéda vraiment à l'instauration scientifique de la Médecine Légale et qu'il enseigna cette chose nouvelle que le devoir du médecin est de conclure là seulement où il y a preuve démonstrative. Voilà comme il apprit aux jeunes générations que le vrai savant ne doit craindre, ni d'affirmer son doute, ni de proclamer ne pas savoir. Ce disant, le Maître se souvenait de la forte parole de Bossuet : « C'est une partie de bien juger, que de douter quand il faut. »

Rêvant de mettre la Médecine Légale dans un cadre digne de l'un des plus importants services publics, Brouardel imaginait les plans de toute une réorganisation matérielle de l'Institut médico-légal. D'entente cordiale avec la Ville de Paris, le Doyen actuel poursuit l'exécution des projets avertis du Maître.

Toujours avec l'idée que la Faculté de médecine accrût ses devoirs, le Doyen patronna l'Institut de médecine coloniale destiné à connaître de toutes missions scientifiques et sanitaires réclamées par la Métropole pour l'expansion de la plus grande France au delà des mers.

Le décanat de Brouardel n'eut pas de préoccupations plus instantes que celles d'étendre, en les affermissant dans la voie démonstrative et pratique, les études médicales. Il voulait que, dans toutes ses branches, l'enseignement médical fût scientifique et professionnel. C'est en ce sens qu'il n'a pas dépendu du Doyen d'alors que les cadres de l'immense maison qu'est notre École pratique comptassent plus de laboratoires et d'ateliers dont une partie se trouva sacrifiée à de vaines préoccupations d'esthétique.

Personne plus que Brouardel n'eut conscience des devoirs du corps enseignant ; personne ne fut plus soucieux du recrutement de nos écoles ; personne n'eut plus à cœur les besoins des élèves ; personne, enfin, ne fut plus anxieux des questions professionnelles si complexes, en notre pays, comme chez tous nos voisins.

Un problème parmi tant d'autres ne cessa de préoccuper Brouardel : l'enseignement secondaire en tant qu'il préparait aux études médicales. Il prétendait que l'éducation classique doit être, particulièrement aux futurs médecins, une force autant qu'une parure. Il pensait que nulle autre enclume ne vaut pour forger les cervelles ; pour former le jugement ; pour donner essor à cette part d'idéal qui doit faire du médecin — où que la destinée le mène — un savant doublé d'un artiste. Brouardel songeait à la place conquise, au temps présent, par la Médecine dans toutes les affaires humaines. Il pensait, il enseignait, il pratiquait — suivant la prophétie de Descartes — qu'il appartenait à la Médecine de travailler pour que l'homme conquît, meilleure, toute santé, morale et physique.

Cette pensée explique l'unité de vie de Brouardel abordant la Médecine avec un esprit cultivé, méthodique et philosophique ; avec un bon sens robuste ; avec une fermeté conciliante ; avec une parole chaude et probe ; un style limpide et précis ; avec une bonhomie qui savait n'être point banale ; avec une facilité de travail qu'enviaient les jeunes et qui étonnait les anciens. Toutes ces qualités, Brouardel ne les devait pas seulement à ses origines picardes et champenoises, il les avait reçues d'une mère de haute culture et d'infinie bonté.

La vivacité de l'intelligence, la clarté du regard, la fermeté bienveillante, autant de traits caractéristiques de la physionomie si fine de Brouardel que le ciseau d'un merveilleux artiste a su rendre dans toute leur expressive vérité.

Grâce à cette belle et si vivante figure, les générations futures pourront lire sur les traits du Maître les vertus de celui qui, après avoir donné le meilleur de lui-même aux intérêts scientifiques, moraux et professionnels de la Médecine, eut si fort à cœur la prospérité comme la gloire de l'École de Paris.

DISCOURS

DE

M. LIARD,

VICE-RECTEUR DE L'ACADÉMIE DE PARIS

Monsieur le Ministre,
Mesdames,
Messieurs,

Par la magie d'un grand artiste, le voici revenu dans sa Faculté de médecine. L'y voici pour toujours, du moins pour la durée du marbre, c'est-à-dire pour des siècles, tel que nous l'avons connu et aimé, tel qu'il convenait de le présenter aux générations de maîtres et d'étudiants qui ne le connaîtront que par cette image, fin, souriant, affable et bon.

La vie de Paul Brouardel a été au fond un labeur incessant, de tous les jours, souvent des nuits. Pourtant, en apparence, elle semblait presque un jeu. C'est que son travail était joie comme celui des abeilles ; c'est qu'il s'accomplissait avec une telle spontanéité, une telle méthode, un tel rythme, qu'aucune trace d'effort n'y apparaissait. Grâce à ce don merveilleux et à cette discipline, Brouardel suffisait à tout. Presque en même temps on le voyait aux lieux les plus divers, à la Morgue, à la Faculté, au Ministère de l'Instruction publique, à celui de l'Intérieur, à celui des Affaires étrangères, au cabinet d'un juge d'instruction, au prétoire des Assises, à Paris, à Berlin, à Vienne, toujours alerte et dispos, traitant les questions les plus variées, les plus vastes, les plus délicates d'une pensée toujours informée et lucide, d'une parole toujours vive et séduisante, d'un esprit toujours armé.

Sa tâche s'était élargie à mesure que ses mérites de savant, d'administrateur, de diplomate avaient apparu davantage. Et à mesure que s'accumulaient sur lui les charges et les responsabilités, ses qualités acquises s'ordonnaient plus étroitement les unes aux autres dans le plus beau des équilibres, pour porter avec aisance le fardeau grandissant.

Par cette vie si remplie, il a bien mérité de l'enseignement supérieur, de la Faculté de médecine, et du pays tout entier. Son œuvre a été utile et bienfaisante. La réorganisation qu'il fit de l'enseignement de la médecine légale, son administration pendant quatorze années de la Faculté de médecine suffiraient à lui valoir notre reconnaissance à tous. Mais il a fait œuvre plus large. Contemporain des grandes découvertes de Pasteur, du premier coup il en comprit le sens et la portée, et alors qu'autour de lui, dans cette Faculté, quelques-uns raillaient les inventions du « chimiste de la rue d'Ulm », lui s'y attacha, comme à la vérité, avec toute la foi d'un adepte, et il vit, d'un coup d'œil sûr, quel parti on en pouvait tirer pour prévenir et conjurer de terribles fléaux, comme la typhoïde et la tuberculose. Ce fut alors pour lui, sans qu'il négligeât aucune de ses autres tâches, un véritable apostolat social. Et il eut la joie, avant de mourir, de constater que devant lui la typhoïde avait reculé, et que de sérieux travaux de défense étaient désormais dressés contre la tuberculose.

Maintenant qu'il n'est plus, on peut vraiment dire, sans crainte d'éveiller le mauvais destin, qu'il fut un homme heureux. Du moins il semble bien qu'au total il ait dû l'être.

Il a travaillé longuement, sans que l'effort lui coûtât. Il était optimiste et bienveillant, ce qui est une condition essentielle du bonheur. Il a eu conscience d'avoir fait œuvre bonne et utile, ce qui est la joie et la récompense du travailleur. Il a ouvert des sillons et y a déposé des semences fécondes. Des fruits de ces semences, il a, de ses propres mains, noué les premières gerbes et pressenti des moissons plus abondantes. Il a joui noblement de la vie. Il a connu de chaudes et fidèles amitiés. S'il a connu aussi la blessure de l'inimitié, il était assez bon observateur pour voir que ce n'était pas son partage à lui seul, et assez bon classique pour se rappeler son Horace... *Extinctus amabitur idem !* Enfin il a coulé ses jours entre l'amour d'une mère incomparable qui a vécu assez longtemps pour recevoir de lui toutes les fiertés et celui d'une femme admirable qui est venue parer et embellir son automne, attentives l'une après l'autre à ne semer sur son chemin que des fleurs.

Et maintenant, sur son monument, ce sont encore deux femmes, belles et immortelles comme des déesses, qui lui offrent des roses.

DISCOURS

DE

M. le Docteur E. ROUX,

PRÉSIDENT DU CONSEIL SUPÉRIEUR D'HYGIÈNE DE FRANCE.

Monsieur le Ministre,
Mesdames,
Messieurs,

Paul Brouardel, clinicien, professeur de médecine légale, expert devant les tribunaux, a fait preuve de qualités éminentes. Mais, c'est comme hygiéniste qu'il a rendu les plus grands services.

Pendant près de vingt-cinq années il a siégé au Comité consultatif et au Conseil supérieur d'hygiène de France. Entré au Comité dans le moment où les découvertes pastoriennes posaient les bases de la médecine préventive, Brouardel orienta l'hygiène publique dans la voie nouvelle. Il fut, en effet, le véritable inspirateur du Conseil d'hygiène avant même d'en diriger les travaux. Nommé président en 1884, en remplacement de l'illustre chimiste Würtz, il obtint que les projets importants concernant l'alimentation en eau potable et l'évacuation des eaux résiduaires ne seraient exécutés qu'après avis du Conseil. Cette mesure a eu la plus heureuse influence pour l'assainissement de notre pays.

Afin que le Conseil puisse mieux remplir sa tâche,

Brouardel y introduisit, en qualité d'auditeurs, de jeunes savants, animés de son ardeur réformatrice, auxquels il confiait l'étude des projets soumis à la haute assemblée. Il les envoyait en mission chaque fois qu'il le jugeait nécessaire et malgré ses multiples occupations il les accompagnait souvent pour diriger les enquêtes sur le terrain. Un président qui donnait un pareil exemple d'activité pouvait exiger beaucoup de ses collaborateurs, d'autant qu'il savait découvrir les aptitudes de chacun et qu'il chargeait toujours de la besogne celui qui était capable de la bien remplir. Les auditeurs de cette époque, aujourd'hui membres très écoutés du Conseil supérieur, n'ont pas oublié ces voyages sanitaires à travers la France, au cours desquels ils ont fait leur éducation d'hygiénistes en étudiant le choléra, la suette miliaire et la fièvre typhoïde.

Sous la direction de leur Président, ils ont appris que pour faire aboutir des enquêtes rendues souvent difficiles par l'ignorance et la défiance des populations, un bon caractère est aussi utile qu'une volonté persévérante. Brouardel était doué et de l'un et de l'autre ; il possédait en outre une finesse et un jugement qui ne se laissent point égarer. Joignez à cela que sa bonne humeur résistait aux fatigues comme aux difficultés administratives et vous comprendrez pourquoi Brouardel réussissait là où un hygiéniste ordinaire eût échoué.

Le nom de Paul Brouardel restera attaché à la doctrine de la propagation du choléra et de la fièvre typhoïde par l'eau de boisson. Ce n'est pas qu'il ait eut le premier l'idée que l'eau souillée transmet ces maladies, mais il l'a soutenue avec tant de constance au moment où beaucoup la contestaient, il a fourni à l'appui tant d'observations aussi probantes que des expériences, qu'il l'a faite sienne et que grâce à lui elle est universellement acceptée. Brouardel ne s'est pas borné à signaler les épidémies d'origine hydrique, il s'est efforcé de les prévenir en incitant les municipalités et les administrations à distribuer des eaux pures aux populations. On sait quels ont été les résultats de cette campagne menée avec conviction et durant des années : la fièvre typhoïde a beaucoup diminué en France et nous devons être reconnaissants à Brouardel de l'économie d'existences humaines ainsi réalisée.

Rien n'importe plus à la prospérité d'une nation que son état sanitaire; aussi les hygiénistes et les politiques sont-ils d'accord qu'une bonne loi sur la préservation de la santé publique est indispensable. Elle est des plus difficile à faire, parce qu'elle doit être en harmonie avec les progrès de la science et en même temps tenir compte des mœurs. Plus que tout autre, Brouardel a pris part à la préparation et à l'adoption de la loi de 1902 qui édicte la vaccination et la revaccination obligatoires, la déclaration des maladies contagieuses, la pratique de la désinfection et qui, pour l'assainissement des immeubles, substitue, dans certains cas, l'action publique à celle des propriétaires. Après avoir élaboré la loi au Conseil d'hygiène, Brouardel l'a soutenue devant le Parlement. Il n'a pas dépendu de lui qu'elle ne fût meilleure; au cours des discussions elle a subi des amputations malgré le commissaire du Gouvernement. Quoi qu'il en soit, Brouardel a été le bon ouvrier qui a forgé cet instrument d'assainissement, imparfait sans doute, mais dont on se sert utilement.

Je ne puis parler ici de toute la production de Brouardel en hygiène. Elle est si étendue et si variée qu'elle eût absorbé tous les moments d'un autre homme; Brouardel y suffisait en même temps qu'il administrait la Faculté, qu'il publiait de nombreux travaux de médecine légale et fondait une école de médecins légistes, qu'il entreprenait la lutte contre la tuberculose, instituait des ligues, présidait les associations internationales pour unir les efforts des peuples contre le fléau. Il ne se contentait pas de donner la direction à ces œuvres multiples; partout il payait de sa personne, professant, écrivant, parlant au grand public, organisant des congrès, dépensant une activité surprenante. Ceux qui ont suivi Brouardel dans sa carrière étaient émerveillés qu'il pût remplir et bien remplir toutes les tâches qu'il assumait. Grand travailleur, il en venait à bout, utilisant chaque instant et passant avec aisance d'une occupation à une autre. A cette qualité il joignait celle de bien choisir ses collaborateurs. Il obtenait beaucoup d'eux parce qu'il s'en faisait des amis et qu'il avait à cœur d'assurer la carrière de ceux qu'il avait mis à l'épreuve.

Personne n'a présidé plus de conseils, d'associations, d'assemblées, de congrès, de comités que Brouardel; il était le président prédestiné des réunions auxquelles il prenait part. Le consensus des assistants le portait au fauteuil. Pour remplir ce rôle, il était servi autant par ses qualités naturelles que par celles qu'il avait acquises. Sa patience, sa bonne grâce enlevaient toute âpreté aux débats que son esprit clair et précis empêchait de s'égarer. Nul ne savait plus à propos présenter les solutions qui tirent d'embarras. Quant à son autorité, elle était incontestée, car elle tenait à son caractère, aux services rendus et surtout à ce souci du bien public manifesté dans ses paroles comme dans ses actions.

Cette influence, Brouardel l'exerçait à l'étranger comme en France, et à maintes reprises il fut appelé à présider des bureaux et des congrès internationaux. Avec le regretté Proust, il représenta la France à toutes les conférences sanitaires internationales. Notre pays ne pouvait avoir de meilleurs champions. Ils ont beaucoup contribué à remplacer les anciennes mesures de défense, vexatoires et inefficaces, par d'autres inspirées par les découvertes nouvelles sur les maladies pestilentielles.

J'ai assisté, pendant des années, aux côtés de Brouardel, aux séances du Conseil supérieur d'hygiène ; j'ai toujours admiré la facilité avec laquelle son esprit pénétrait dans le vif des questions. Sa mémoire parfaitement sûre était comme le répertoire de toutes les affaires traitées devant le Conseil, elle lui rappelait à propos les décisions et les précédents à invoquer. Durant dix-neuf années, Brouardel a dirigé le Conseil supérieur d'hygiène à la satisfaction de tous les membres et au grand avantage du pays. Il était si bien à sa place au fauteuil qu'il ne serait venu à l'esprit de personne qu'il pût le quitter. Aussi, la surprise fut-elle douloureuse lorsqu'en 1903 il fut remplacé pour des motifs qui n'avaient rien à voir avec l'hygiène. Cette mesure affecta péniblement Brouardel, mais elle ne l'empêcha pas de faire encore profiter le Conseil de son expérience. Il y siégeait comme simple membre parmi ses collègues qui le tenaient toujours pour le premier d'entre eux.

Lorsqu'en 1902 fut constituée la Commission consultative

— 42 —

supérieure d'hygiène et d'épidémiologie militaires, Brouardel en fut nommé président. Dès les premières séances, avec l'esprit d'ordre et de décision qui lui était habituel, il traça le plan des travaux et distribua à chacun sa besogne, à lui comme aux autres. Il s'était attribué l'enquête sur la fièvre typhoïde dans l'armée et sur l'alimentation des casernes en eau potable. Il fut prêt le premier ; il avait fait diligence comme s'il avait eu le pressentiment que sa santé était menacée. Son rapport plein de renseignements précis est, je crois, le dernier ouvrage de lui qui ait été imprimé. Il restera comme un témoignage que, jusqu'à la fin, Brouardel a travaillé dans l'intérêt général.

C'est au nom du Conseil supérieur d'hygiène de France et de la Commission d'hygiène et d'épidémiologie militaires que j'ai pris la parole dans cette cérémonie pour apporter à Brouardel l'hommage de l'admiration des membres de ces deux assemblées avec leur souvenir ému et reconnaissant.

DISCOURS

DE

M. le Professeur GUYON,

PRÉSIDENT DE L'ASSOCIATION DES MÉDECINS DE LA SEINE.

Monsieur le Ministre.
Mesdames,
Messieurs,

L'Association des médecins de la Seine remercie le Comité du monument élevé à la mémoire du professeur Brouardel de lui donner l'occasion de dire, ici, sa profonde reconnaissance pour son ancien Président.

Dans la vie si bien remplie du médecin éminent auquel nous rendons un solennel hommage, les œuvres qui poursuivent l'amélioration matérielle de la profession médicale ont occupé une place privilégiée. Les grands services rendus par Paul Brouardel à l'humanité ont illustré son nom, mais l'intérêt qu'il n'a cessé de porter au corps médical ne lui fait pas un moindre honneur.

Son esprit droit et clairvoyant lui donna, de façon précise, le sentiment du rôle que les progrès, chaque jour accomplis sous l'influence des doctrines pastoriennes, allaient imposer à la médecine. Il comprit que l'ère des belles conquêtes humanitaires, dans laquelle nous entrions, créerait de nouvelles et grandes obligations sociales. Il fut de ceux qui sentirent qu'il était, plus que jamais, nécessaire d'aider les médecins à suffire à leur mission et qu'il fallait que les Associations les missent à même de conjurer, aussi bien pour eux que pour leurs familles, les difficultés du présent et les périls de l'avenir.

Brouardel, qui eut pour notre Association une prédilection particulière, accepta, lorsqu'on lui fit appel, de présider aussi l'Association générale des médecins de France.

Il avait été élu président de l'Association des médecins de la Seine le 24 avril 1887, après la mort de Béclard auquel il venait de succéder comme doyen de la Faculté de médecine, il continua à nous diriger jusqu'à la fin de sa vie. Elle était déjà près de son terme, lorsqu'il présida, pour la dernière fois, notre assemblée générale annuelle, le 2 avril 1906. Il se savait irrémédiablement atteint et gardait encore le secret de la nature de son mal, mais il avait su la découvrir. Il nous dit avec la bonne grâce souriante qui lui était habituelle : « Mes chers confrères, depuis dix-huit ans vous m'avez fait le grand honneur de me confier la présidence de votre Association ; ce témoignage de votre estime restera, pour moi, un des souvenirs les plus précieux de ma vie médicale. » N'est-il pas permis de penser qu'il nous faisait, dès ce moment, ses derniers adieux.

L'œuvre secourable chaque jour accomplie l'avait attaché à notre Association ; il était reconnaissant et heureux de l'influence exercée par la belle initiative d'Orfila sur le développement des associations médicales. Il aimait à le dire.

Dans son allocution de l'année précédente, le 9 avril 1905

(consacrée à l'examen de la situation faite aux médecins dans les mutualités), il s'exprimait en ces termes : « le 19 juillet 1833, il y a près de soixante-douze ans, Orfila avait convoqué dans le grand amphithéâtre de la Faculté de médecine les médecins de Paris, afin de s'entendre sur : les moyens à employer pour venir au secours de leurs confrères tombés dans le malheur par suite des progrès de l'âge, de la maladie ou des infirmités. »

Après avoir ainsi rappelé le but, le lieu et le jour de la naissance de notre Association, Brouardel ajoutait : « Il nous est permis de signaler cette date avec quelque fierté ; je crois que les médecins ont donné alors le premier exemple de solidarité et de prévoyance. Depuis, celui-ci a trouvé de nombreux imitateurs. »

En évoquant la grande mémoire d'Orfila et en revendiquant pour les Associations médicales « l'honneur d'avoir, dès la première heure, concouru au développement de ces deux idées fondamentales de la solidarité humaine : la prévoyance et la mutualité, » notre Président donnait satisfaction aux sentiments intimes que lui inspirait la situation, à la fois privilégiée et difficile, du médecin de nos jours.

Privilégié par la haute importance de son rôle humanitaire et social, le médecin est en face de devoirs difficiles et nombreux qui, de plus en plus, l'obligent à ne plus suffisamment s'occuper de lui-même et des siens.

Dans la lutte engagée, avec succès, grâce aux enseignements de Pasteur contre les maladies évitables (lutte à laquelle Brouardel a consacré une grande part de sa merveilleuse activité), le médecin est nécessairement, ainsi qu'il le répétait, « l'agent qui assure le fonctionnement des lois de

solidarité pour tout ce qui touche à la santé publique. »
Il importe qu'il soit aidé et soutenu.

C'est pourquoi notre Président a consacré une grande partie de sa vie, qui au fond de son âme lui semblait la meilleure, aux Associations médicales et qu'il a jusqu'à son dernier jour rempli avec tant de zèle les fonctions de président de l'Association des médecins de la Seine et de président de l'Association générale des médecins de France.

L'image de l'un des chefs de notre Faculté qui se sont dévoués à l'œuvre d'Orfila, fréquemment dirigée et toujours protégée par nos doyens, est à sa place dans la cour de notre vieille École.

Elle va dire à tous ceux qui passent, que pour bien servir la médecine, il faut aimer les médecins ; elle leur montrera que les liens qui se forment entre celui qui enseigne et ceux qui apprennent ne doivent jamais se relâcher.

DISCOURS

DE

M. LEREBOULLET,

PRÉSIDENT DE L'ASSOCIATION GÉNÉRALE DES MÉDECINS DE FRANCE.

Monsieur le Ministre,
Mesdames,
Messieurs,

Vous venez d'entendre des voix éloquentes rappeler les services éminents rendus à la profession médicale par le médecin légiste, le Doyen de la Faculté, le Président du Comité consultatif d'hygiène qui, dans tous les congrès internationaux, a porté si haut le bon renom de la Science française.

D'autre part, le vénéré président de l'Association des médecins de la Seine nous a dit l'inlassable dévouement, la bienveillance et la bonté dont notre regretté collègue Brouardel a donné tant de preuves en recherchant les meilleurs moyens d'adoucir les misères professionnelles.

Au nom de l'Association des médecins de France, je n'ai que très peu de mots à ajouter à ces paroles si autorisées.

Brouardel ne s'est pas contenté de maintenir la prospérité de notre Association, d'accroître ses ressources et d'atténuer ainsi la détresse dans laquelle un si grand nombre de médecins laissent après eux les êtres qui leur sont chers.

Il n'a cessé de considérer comme l'un de ses plus impérieux devoirs l'étude attentive des conditions sociales de l'exercice de la médecine, des questions de défense professionnelle, des modifications nécessaires à apporter au texte trop souvent imprécis des lois qui nous régissent.

Et c'est pour mieux remplir ce devoir social qu'il avait accepté la présidence d'honneur de l'*Union des syndicats médicaux de France*, qu'il avait consenti, malgré ses nombreuses occupations, à faire partie de plusieurs commissions spéciales chargées d'établir les rapports qui doivent exister entre les médecins et les mutualistes, chargées de fixer, pour les mutualistes ou pour les accidentés du travail, un tarif d'honoraires acceptable.

A une heure critique de notre histoire professionnelle, il n'hésita pas davantage à assumer une charge dont je n'ai compris toutes les difficultés que le jour où, sans pouvoir songer à le remplacer, j'ai été appelé à lui succéder.

Président de notre grande Association à laquelle il appartenait depuis l'année 1866, il sut, avec autant de courtoisie que de fermeté, rétablir l'union et la concorde, montrer quels étaient les écueils à éviter, les efforts à poursuivre, les démarches à faire en vue de « maintenir l'exercice de l'art dans les voies utiles au bien public et conformes à la dignité de la profession ».

Avec la sollicitude la plus éclairée et la plus active, avec la souplesse d'esprit et la lucidité de parole si souvent admirées, avec cette bonhomie souriante et cette bonne grâce qui savaient éclairer les controverses les plus arides et apaiser les discussions les plus irritantes, Paul Brouardel a rendu à notre Association et aux syndicats médicaux des services qui ne s'oublient pas.

Au nom de tous mes confrères qui l'ont acclamé si souvent au cours de ses années de présidence, au nom de ceux qui ont été si émus et si touchés de le voir assister au dernier Congrès pour la répression de l'exercice illégal et, d'une voix déjà défaillante, nous prodiguer ses encouragements et ses conseils ; au nom de tous les médecins qu'il a si courageusement défendus, de ceux à qui il a prêté une aide si compatissante, je salue le monument élevé à sa mémoire.

Mais j'affirme que, plus durable encore que ce beau monument, le souvenir du président Brouardel restera à jamais gravé dans nos annales. Les monuments et les inscriptions deviennent tôt ou tard « le triste jouet des temps et de la vicissitude des choses humaines ». Mais l'homme dont le nom doit rester impérissable est bien celui qui, à la Science, sut toujours unir la bienfaisance et la bonté.

DISCOURS

DE

M. MALÉTRAS

SÉCRÉTAIRE GÉNÉRAL HONORAIRE DE L'ASSOCIATION POLYTECHNIQUE.

Monsieur le Ministre,
  Mesdames,
    Messieurs,

Après les paroles si élevées qui viennent d'être prononcées avec tant d'autorité et d'éloquence par des maîtres incontestés de la science, c'est une note d'une extrême modestie que je viens ajouter au concert de louanges méritées, adressées à la mémoire du regretté professeur Brouardel, pour rappeler un des plus séduisants côtés de son beau caractère et de son grand cœur.

Il était, parmi nous, un ami au milieu de simples professeurs d'instruction populaire faisant gratuitement des cours pour les adultes.

Depuis longtemps déjà il dirigeait notre section de Charenton et Saint-Maurice, quand, en 1892, il voulut bien accepter les fonctions de Président de l'Association Polytechnique de Paris, qu'il a conservées pendant quatorze années consécutives, en prenant part à tous ses travaux avec une attention, une persévérance et une autorité qui n'étaient égalées que par son ardent désir de faire le bien.

Il aimait cette œuvre qui s'adresse plus particulièrement aux travailleurs courageux, à ceux qui, leur journée de labeur terminée, ne craignent pas de venir sur nos bancs, acquérir un peu de cette science qui est pour eux une perpétuelle leçon d'énergie.

Il appréciait à leur réelle valeur ses collaborateurs dévoués, pratiquant sans cesse comme lui notre grand principe républicain de fraternité, en donnant généreusement leur temps et leurs lumières pour améliorer la situation morale et matérielle de ceux que le sort n'a point favorisés aux débuts de leur existence.

Il prenait une part très personnelle à nos actives campagnes de conférences, en allant fréquemment lui-même dans les milieux populaires, où sa voix, si écoutée, préconisait avec une éloquente conviction les moyens de lutter contre la tuberculose, cette terrible maladie qui fait frémir tant d'hommes et pleurer tant de mères.

A tous, auditeurs, élèves et maîtres, il apportait sa parole si simple et si persuasive, toujours encourageante et réconfortante, en même temps qu'il leur donnait, par son exemple, la plus attirante des leçons de choses : aussi, à l'Association Polytechnique qui a réalisé d'immenses progrès sous son impulsion éclairée, son souvenir sera pieusement conservé, comme la reconnaissance infinie que nous lui gardons restera, pour toujours, fortement enchâssée dans nos esprits et dans nos cœurs.

Et c'est pourquoi, au nom de tous les modestes et de tous les humbles qui gravitent autour de nous, au nom de tous ceux auxquels il a constamment cherché à rendre la vie plus douce et meilleure, celui qui a eu le grand honneur d'être son collaborateur de tous les jours pendant les quatorze années de sa présidence, vient aujourd'hui apporter, à la mémoire de ce véritable et vaillant ami de la démocratie laborieuse, le plus profond et le plus respectueux des hommages.

DISCOURS

DE

M. GASTON DOUMERGUE,

MINISTRE DE L'INSTRUCTION PUBLIQUE ET DES BEAUX-ARTS.

Brouardel a tellement donné de lui-même à la Faculté de médecine de Paris, d'abord comme agrégé, puis comme professeur, enfin pendant quatorze ans comme doyen, sa vie a été si intimement liée à la vie et à l'histoire de cette glorieuse maison, qu'il était naturel que la pensée pieuse et reconnaissante vînt spontanément à tous ceux qui l'ont connu, approché et aimé, d'y perpétuer son souvenir par une image visible.

C'est l'objet de ce monument. Mais le souvenir de Brouardel n'en avait pas besoin pour durer. Dans la mémoire de ses amis, de ses émules, de ses confrères et de ses élèves, il demeurera toujours vif, car il y a été gravé par tant de qualités éminentes de l'esprit, de l'intelligence et du cœur que l'oubli ne saurait aisément l'entamer.

L'écho de ses qualités qui ne s'éteindra pas vite, le mérite incontesté de ses travaux, les enseignements qu'il a organisés, développés, illustrés, l'esprit si large et si humain dont il les a imprégnés, la rectitude des méthodes qu'il leur a données le rappelleront pendant longtemps encore aux professeurs et aux étudiants qui viendront après lui professer et travailler entre les murs de cette Faculté que sa grande notoriété avait franchis de son vivant et où son souvenir n'est pas demeuré confiné après sa mort.

Brouardel a été un trop excellent serviteur du bien public, auquel il n'a jamais rien préféré, il a trop grandement contribué à toutes les mesures prises et à toute la législation votée sous la troisième République pour veiller à l'hygiène et à la santé publiques, il a trop fait en vue de défendre ses concitoyens contre les épidémies qui les menaçaient du dehors et de leur permettre d'éviter celles qui pouvaient résulter de leur insouciance et de leurs imprudences que ceux-ci garderont, il est certain, de sa mémoire un souvenir durable et reconnaissant.

Ce n'est point dans un bref discours qu'on pourrait dire tous les titres que Brouardel possède à la reconnaissance de son pays. Cette reconnaissance, au reste, il ne l'a jamais recherchée, les régions de l'esprit et du cœur où il puisait les raisons de son attitude et de son devoir étaient trop hautes pour qu'il ait été homme à se plaindre si par aventure cette reconnaissance lui avait fait parfois défaut. Sa sérénité tranquille et souriante prouvait assez qu'il n'avait jamais tenu pour vraies et pour désirables que les récompenses que procure à une âme généreuse et désintéressée le sentiment d'un service rendu au bien général.

Ces services furent nombreux. Autant au dehors qu'au dedans, Brouardel servit utilement son pays. En maintes circonstances son action fut celle d'un ambassadeur de la science médicale française à l'étranger, ambassadeur écouté, respecté, aimé et qui ne revenait jamais les mains vides des missions dont il fut si souvent chargé, soit par le Gouvernement, soit par ses collègues ou par ses pairs... Il savait convaincre par la sûreté de son savoir, par la force et la clarté de ses raisons, par la netteté de son exposition, en même temps qu'il séduisait par la finesse de son esprit, la courtoisie et la souplesse de son argumentation, le charme personnel qui se dégageait de lui et auquel on résistait difficilement.

C'est une très belle figure autour de laquelle il y a une grande douceur à se réunir et qu'il est réconfortant d'évoquer. Un artiste de grand talent en a reproduit l'expression presque vivante pour les hôtes habituels de la Faculté ; mais beaucoup qui n'y fréquentent point d'ordinaire viendront la saluer avec émotion. J'éprouve en ce qui me concerne une joie douce et profonde à pouvoir incliner devant elle l'hommage du Gouvernement de la République.

TABLE

Liste du comité 5
Liste des souscripteurs 11
Discours de M. le Professeur Thoinot 21
Discours de M. le Professeur Landouzy 29
Discours de M. Liard 33
Discours de M. le Docteur E. Roux 37
Discours de M. le Professeur Guyon 43
Discours de M. le Docteur Lereboullet 47
Discours de M. Malétras 51
Discours de M. Gaston Doumergue 55

8440-09. — CORBEIL. Imprimerie CRÉTÉ.